Esperança

INÊS STANISIERE

Esperança

ilustrações
RAUL FERNANDES

SEXTANTE

Copyright © 2009 por Inês Stanisiere

revisão: Sheila Til e Tereza da Rocha
projeto gráfico, ilustrações e capa: Raul Fernandes
pré-impressão: ô de casa
impressão e acabamento: Yangraf Gráfica e Editora Ltda.

CIP-BRASIL. CATALOGAÇÃO-NA-FONTE
SINDICATO NACIONAL DOS EDITORES DE LIVROS, RJ

S789e

Stanisiere, Inês, 1971-
    Esperança / Inês Stanisiere; ilustrações de Raul Fernandes. - Rio de Janeiro: Sextante, 2009.
    il.

    ISBN 978-85-7542-476-6

    1. Esperança - Citações, máximas, etc. 2. Conduta - Citações, máximas, etc. I. Título.

09-1079   CDD: 152.4
                               CDU: 159.942

Todos os direitos reservados, no Brasil, por
GMT Editores Ltda.
Rua Voluntários da Pátria, 45 – Gr. 1.404 – Botafogo
22270-000 – Rio de Janeiro – RJ
Tel.: (21) 2286-9944 – Fax: (21) 2286-9244
E-mail: atendimento@esextante.com.br
www.sextante.com.br

Apresentação

Esperança é um livro sobre essa virtude que, dentre todas, talvez, seja a mais encorajadora que um ser humano pode ter.

Esperança é a força que nos move para a frente quando nada faz sentido à nossa volta e os dias são apenas um fardo pesado.

É a esperança que nos convence que ainda vale a pena lutar e agir, porque tudo é passível de mudança e o amanhã pode ser diferente, se eu quiser.

Todos nós somos capazes de encontrar essa força.

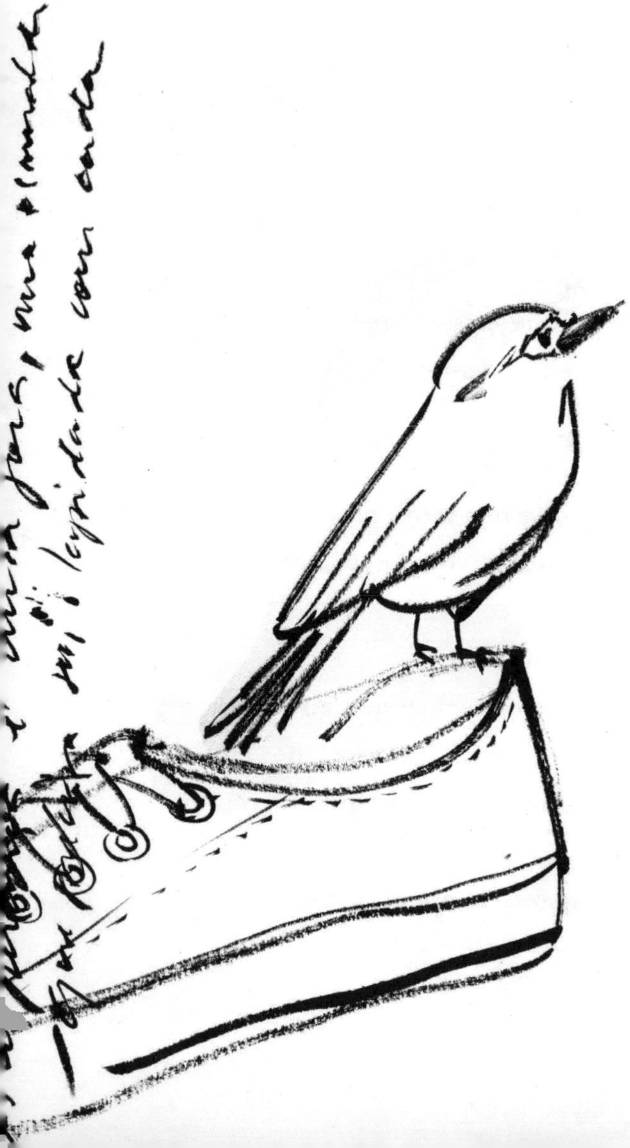

Olhando para trás, para os desafios e sofrimentos já superados, podemos compreender que nenhuma tempestade dura para sempre e ver a dimensão das nossas vitórias.

Olhando para o futuro, podemos construir nossos sonhos em bases mais sólidas, para que, no próximo inverno, os tijolos não voem com tanta facilidade.

E vivendo o presente, podemos desenvolver a paciência e a humildade necessárias para aceitar a atual situação, sem pensar que ela é um fim em si mesma, e começar a dar pequenos passos em direção à saída que nos espera. Sem pressa.

Esperança é acreditar no que ainda não é...

*Esperança é acreditar
no que ainda
não é concreto.*

Espécie de teimosia
em mim mesmo
que faz a vida mudar.

Esperar é ser passivo, impotente
das minhas próprias escolhas.

Ter esperança é fazer acontecer.

Ter esperança é olhar para trás
e perceber que mesmo o impossível
um dia encolheu até extinguir-se.

É ter a certeza
de que não existe nada
permanente na vida.

*Ter esperança é reconhecer
quando é preciso pedir ajuda.*

E humildemente aceitá-la.

Entender que a vida
não pode ser um fardo...
pois não seria justo
que fosse assim.

*Ter esperança é sentir que o Universo
sempre joga do meu lado,
mesmo que isso seja imperceptível
a olhos tão pouco acostumados
ao invisível, como os meus.*

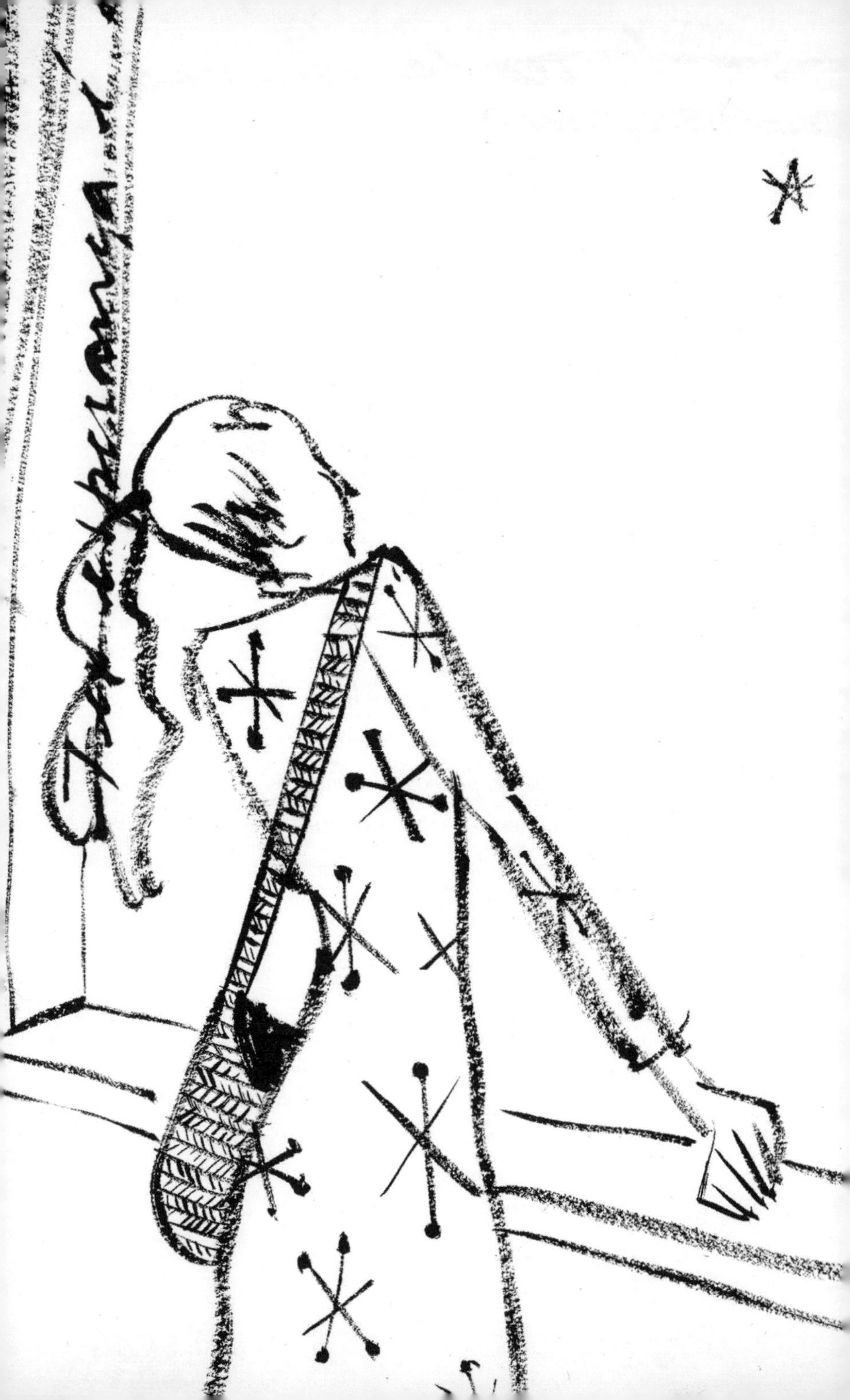

*Ter esperança é treinar para enxergar
nas sombras, construindo visões
que possam me sustentar nesse lugar
de medo e dor temporária.*

*Ter esperança muitas vezes
é apenas uma questão de enxergar além.*

De ver através do tempo.

De deixar-me fluir na calmaria
que sempre vem depois
de emoções violentas.

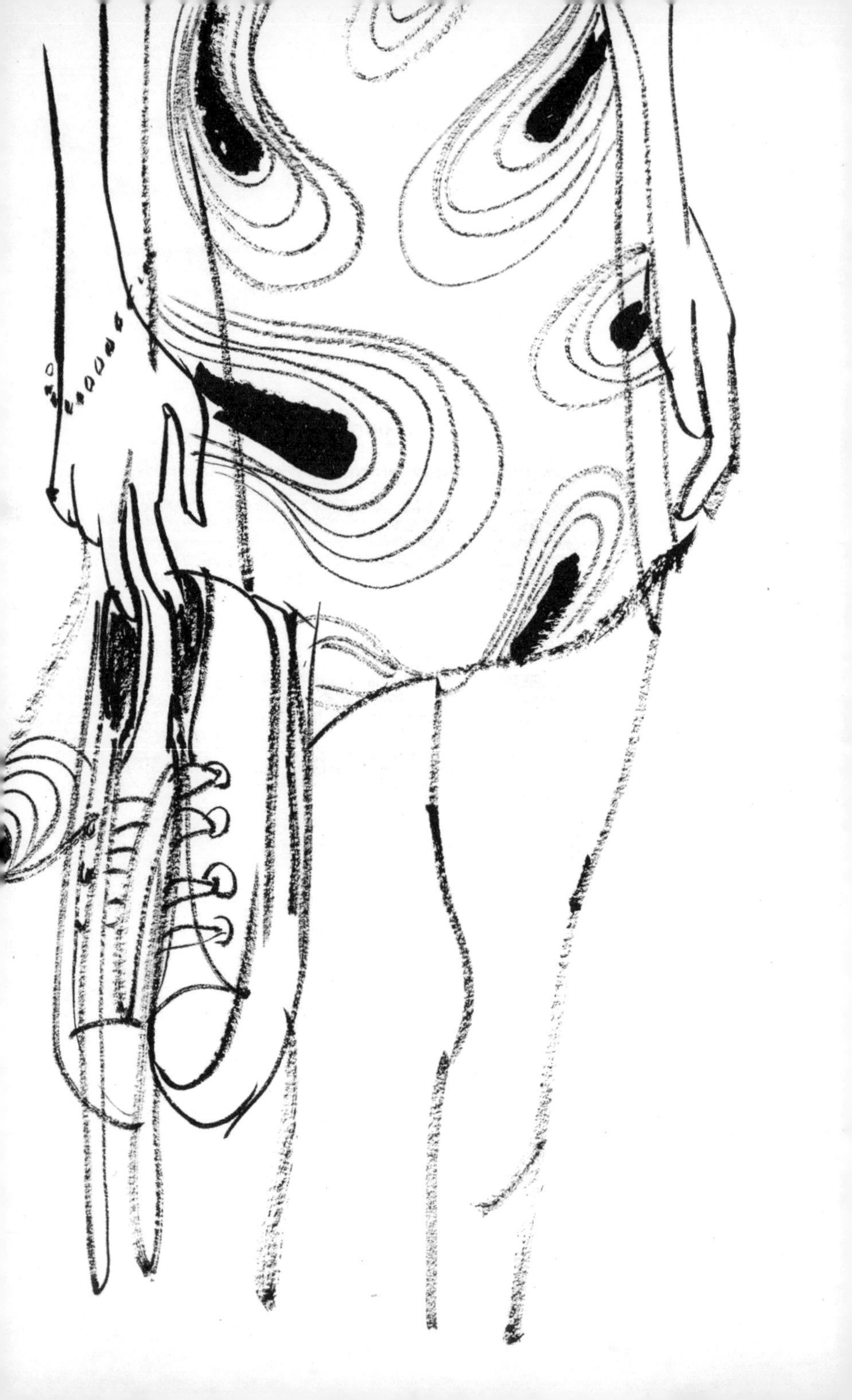

Ter esperança é respirar.

E demorar-me observando
as reais possibilidades que a vida
me traz agora.

Ter esperança é desistir de ser vítima.

É perdoar, para poder seguir em frente.

Esquecer o sofrimento
e reaprender a ser feliz.

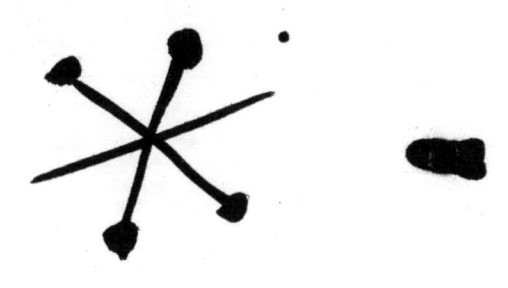

Ter esperança é não ter apego.

É entender que
nem sempre as coisas
são como quero,
mas nem por isso são ruins.

São apenas diferentes.

*Ter esperança é aceitar a vida
como ela pode ser.*

Ter esperança é não acreditar
em todas as mentiras
que me contaram
quando eu era criança.

É apagar os registros antigos
de que não sou capaz
e de que não há nada
que possa ser feito.

*Ter esperança é agir baseado
no que realmente sou
e ir buscar o que mereço.*

*Ter esperança é abrir mão
do pânico momentâneo,
da ilusão da perda
e fazer uma aposta positiva
no que virá a seguir.*

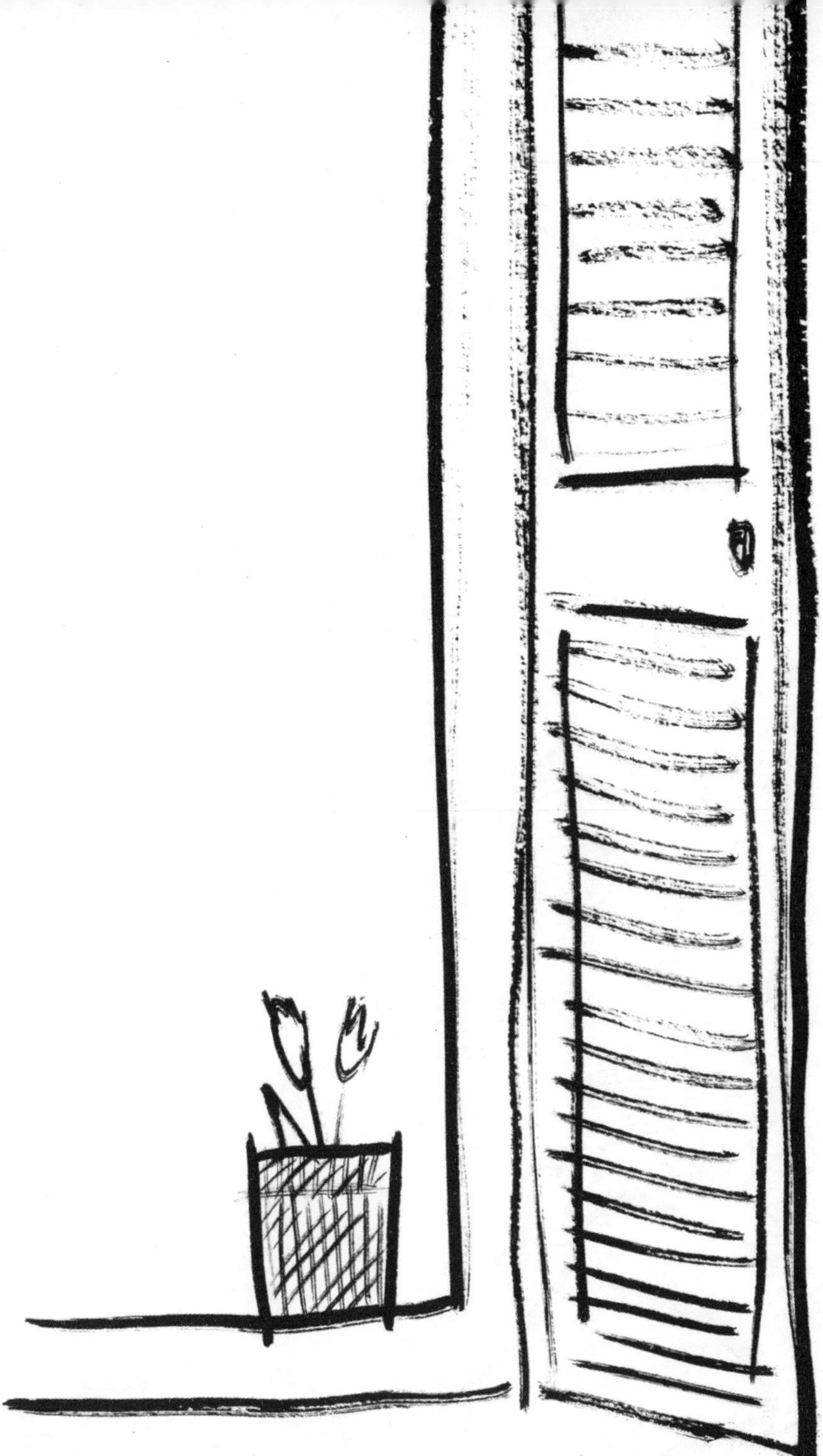

esperança e ten fé

Ter esperança é não desistir
no caminho longo,
até que chegue o momento
de descanso.

É parar com desculpas
e assumir toda
a minha responsabilidade
em ser mais feliz.

Ter esperança é ter fé em si mesmo,
mas também no destino.

É fazer a sua parte
na certeza de que o Universo
fará a dele,
mesmo que isso agora
pareça impossível.

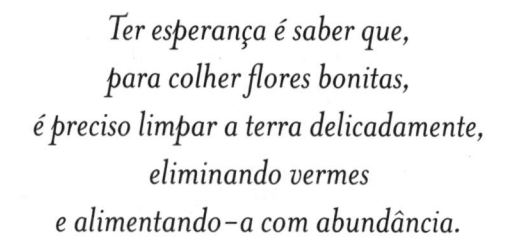

*Ter esperança é saber que,
para colher flores bonitas,
é preciso limpar a terra delicadamente,
eliminando vermes
e alimentando-a com abundância.*

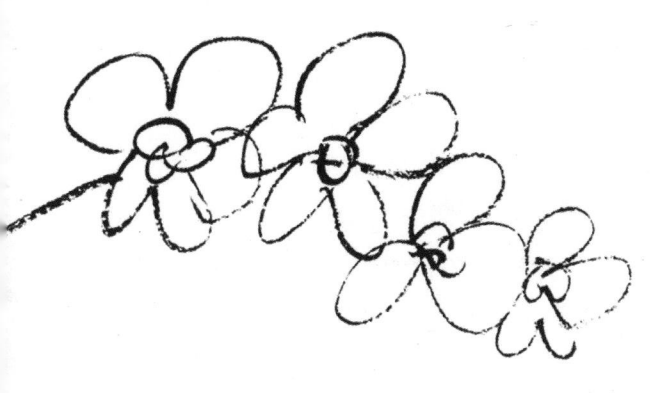

Ter esperança é ter perdido tudo
mas guardar a única coisa que pode transformar.

É caminhar na ponte frágil
quando em volta só existem dúvidas,
medos e escuridão.

Ter esperança é ter a paciência necessária
para deixar o deserto para trás, passo a passo.

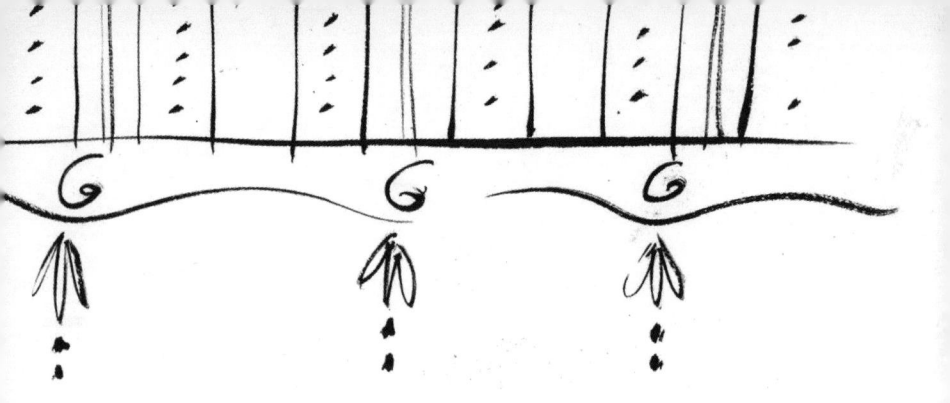

Ter esperança é deixar a vida
me empurrar para a frente
quando as forças
se esgotaram há muito.

É não permanecer
no lugar do pouco,
sendo massacrado pela dor.

É ter certeza que amanhã
será melhor que hoje.

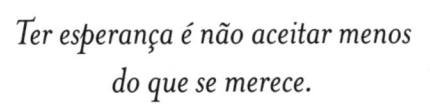

Ter esperança é não aceitar menos do que se merece.

É ter coragem de ousar o novo e partir em busca de mais.

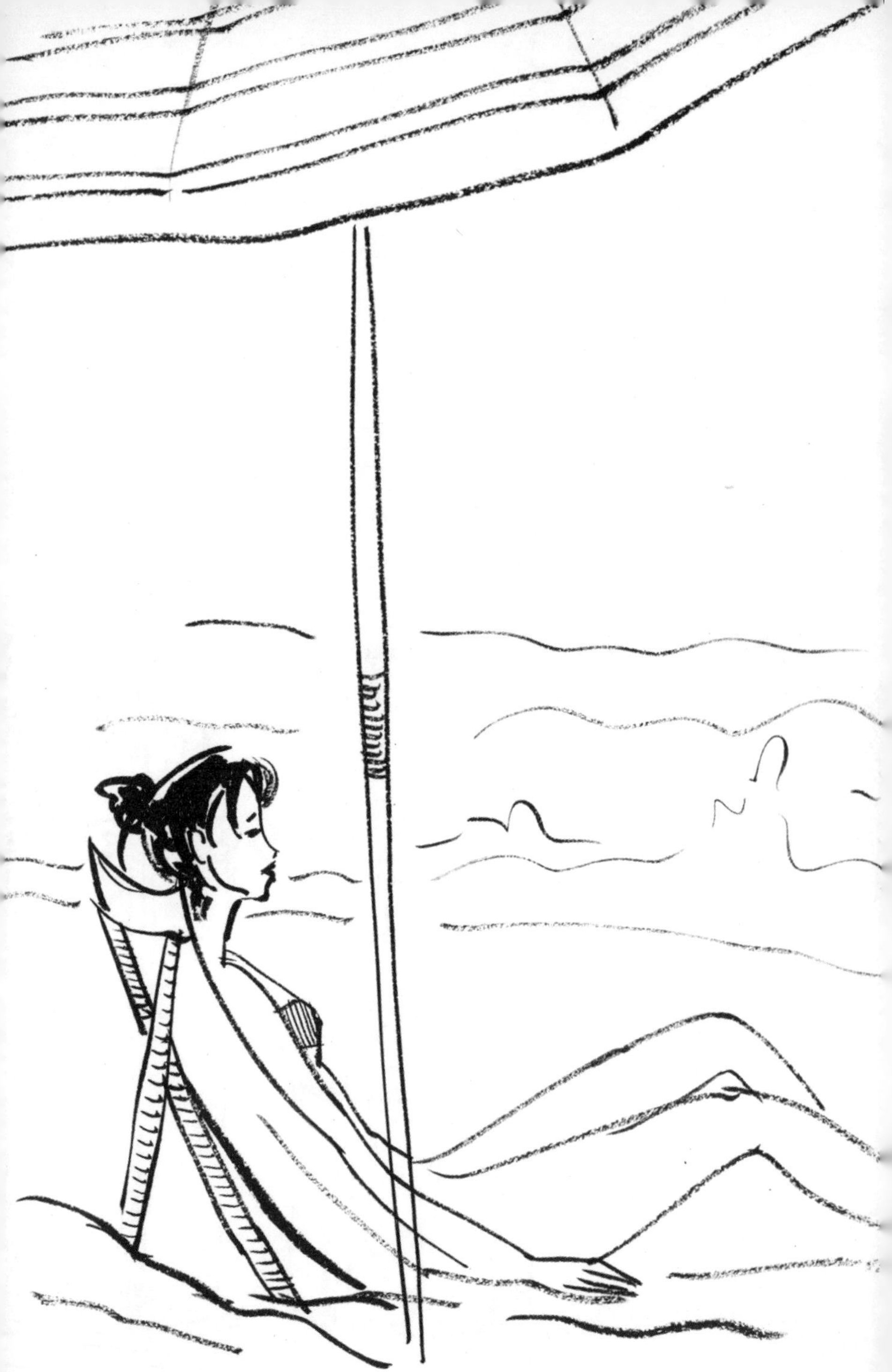

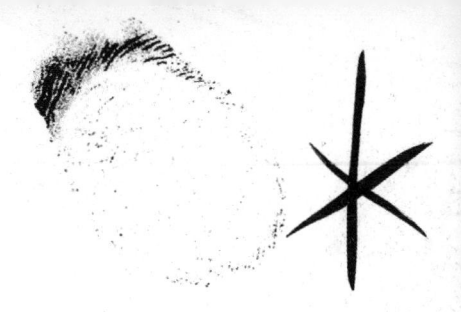

*Ter esperança é usar a raiva
como motor para se levantar.*

É ir ao encontro de si mesmo.

*Ter esperança é ganhar
outra dimensão do tempo.*

E saber cultivar a paciência
como uma velha amiga.

*Ter esperança é acreditar
que, mesmo depois
de seguidas derrotas e injustiças,
um dia o inverno acaba.*

Pois a natureza
sempre segue
o curso natural
das estações!

*Ter esperança é aprender
sobre o tempo.*

E fazer dele um mestre.

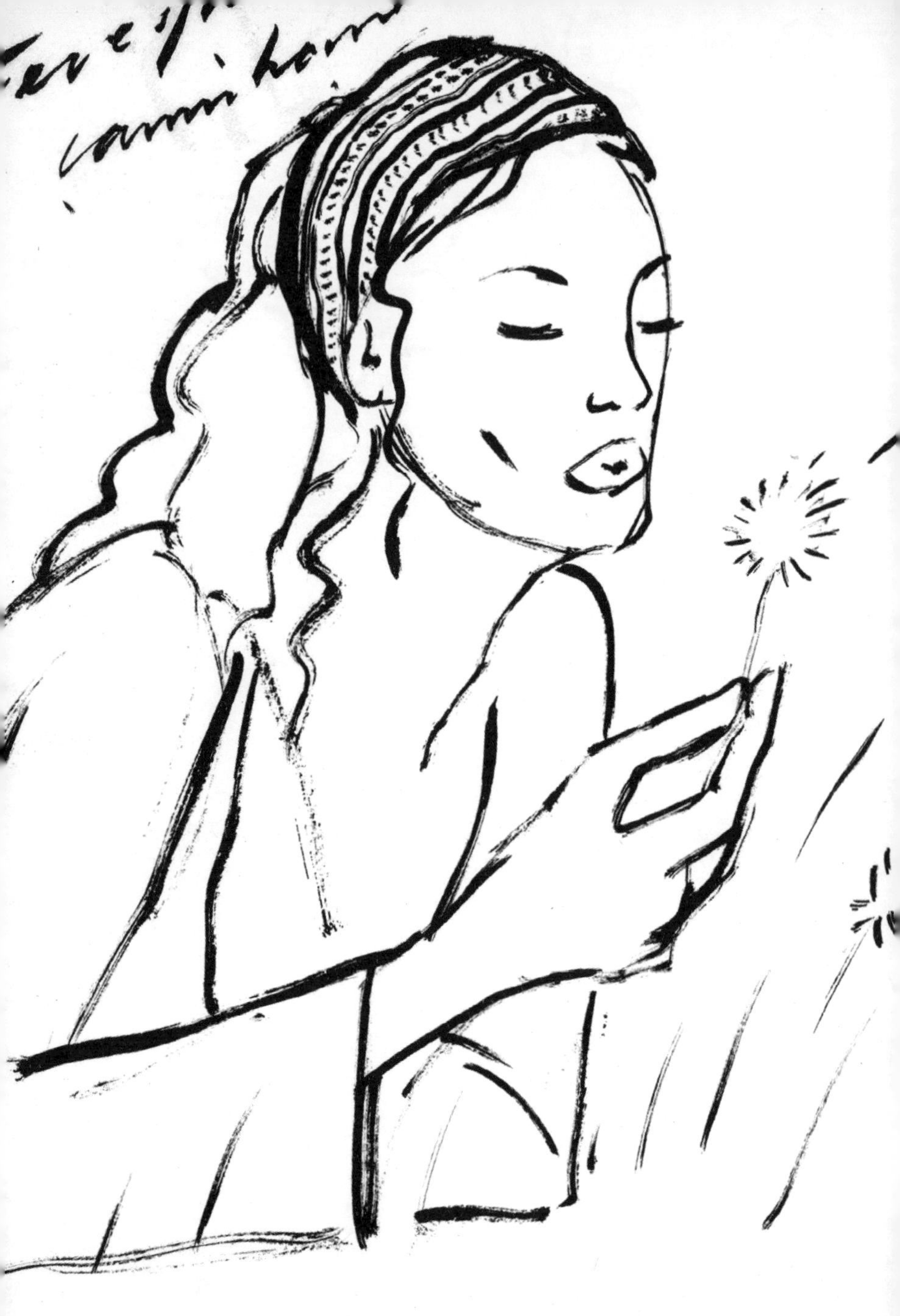

Deixar a urgência gritar até acabar,
mas não agir impensadamente.

*Ter esperança é encontrar ar
quando os pulmões se fecham.*

E deixar o coração se aquecer,
acordando a alma esquecida.

*Ter esperança é entender
que a realidade
nada mais é do que
o resultado da fé
dos que vieram antes.*

É buscar forças
para criar uma nova realidade
que faz meus olhos
sorrirem à toa.

*Ter esperança é encontrar
um sonho
em que se agarrar
no meio do caos e do vazio.*

É procurar
um horizonte,
mesmo que ele
seja tolo aos
olhos alheios.

*Ter esperança é não desistir,
mesmo quando penso que a vida
desistiu de mim.*

*Ter esperança é continuar
persistindo, apesar das lágrimas
que me fazem duvidar.*

*Ter esperança é ter perdido
o sentido da vida
mas ainda assim
continuar agindo.*

Esperança

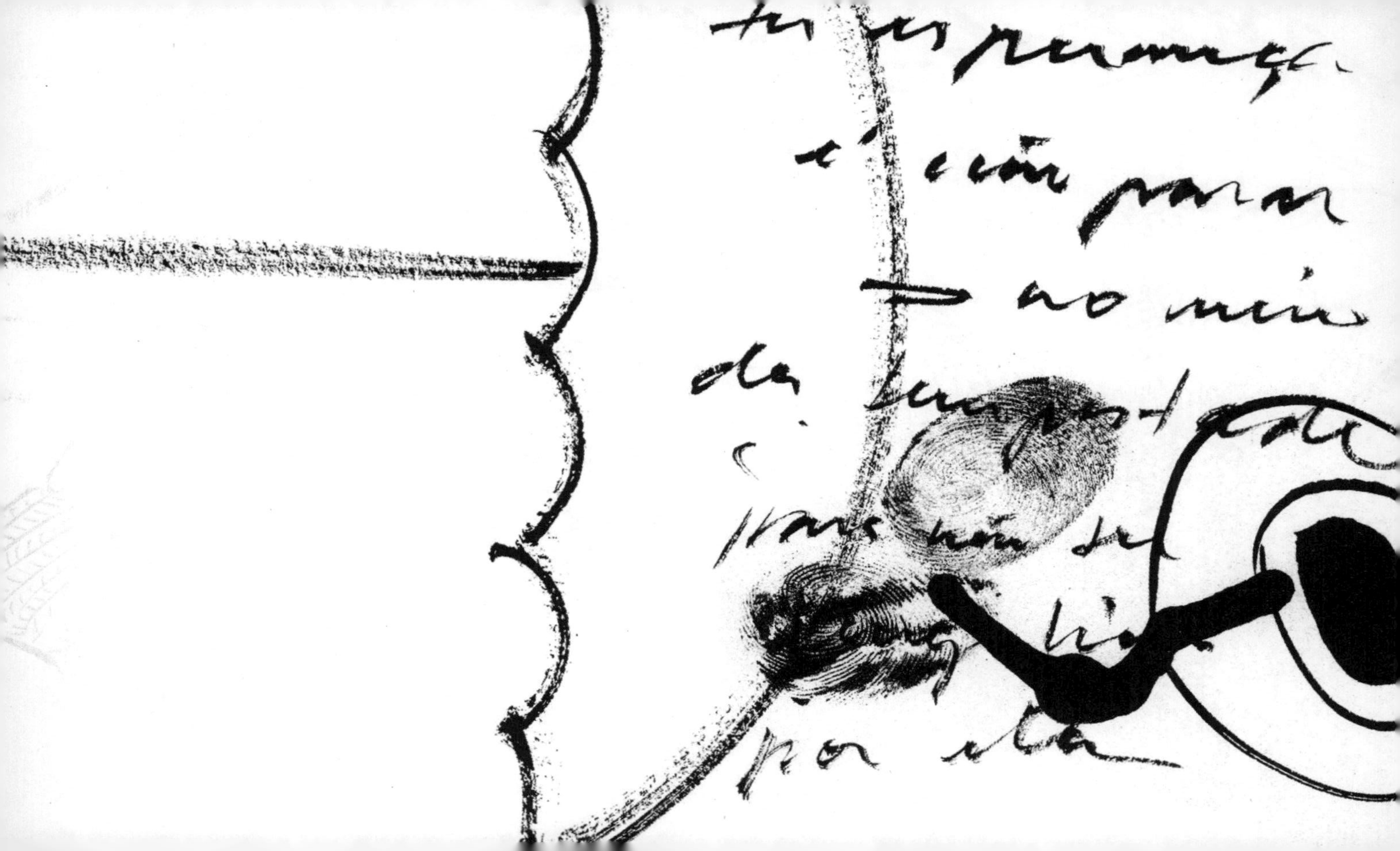

Ter esperança é não parar
no meio da tempestade,
para não ser engolido por ela.

Ter esperança é me amparar
e me permitir enlouquecer
quando tudo à minha volta
virou pó.

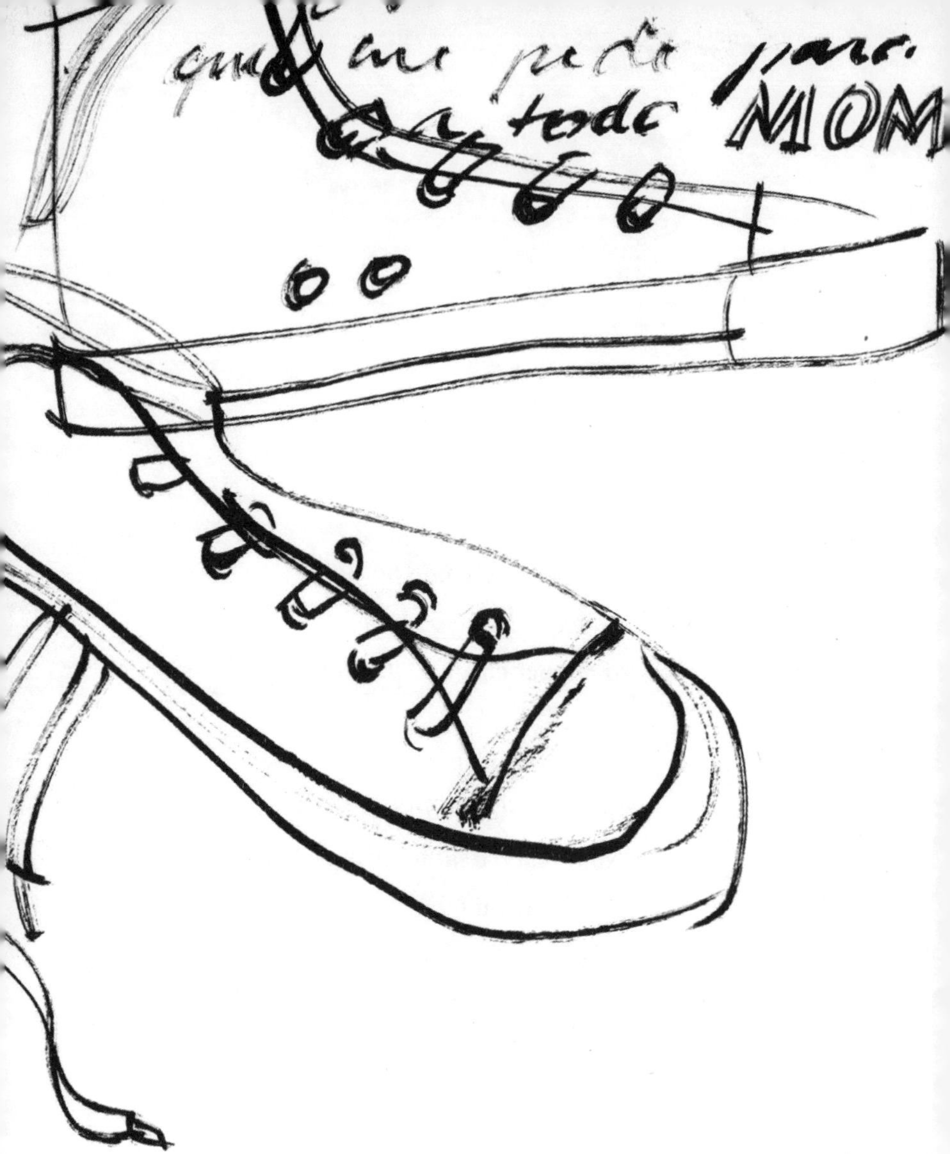
MOM

Ter esperança é ir até o fim.

Acreditar que o jogo não acabou,
pois não é esse o resultado que mereço.

E então seguir um pouco mais.

Ter esperança é continuar caminhando
até encontrar minhas vitórias,
mesmo que elas estejam um pouco adiante
de onde eu havia imaginado.

É vencer o meu cansaço,
que me pede para ir embora
a todo momento.

*Ter esperança é simplesmente
sobreviver,
mantendo a rotina
que me transforma em robô,
enquanto não tenho coragem
de sentir todos os medos
e desassossegos da minha alma.*

*Ter esperança é reconhecer
minha impotência.
E numa postura sábia aceitar
o momento de ausência de controle
e poder sobre a minha vida.*

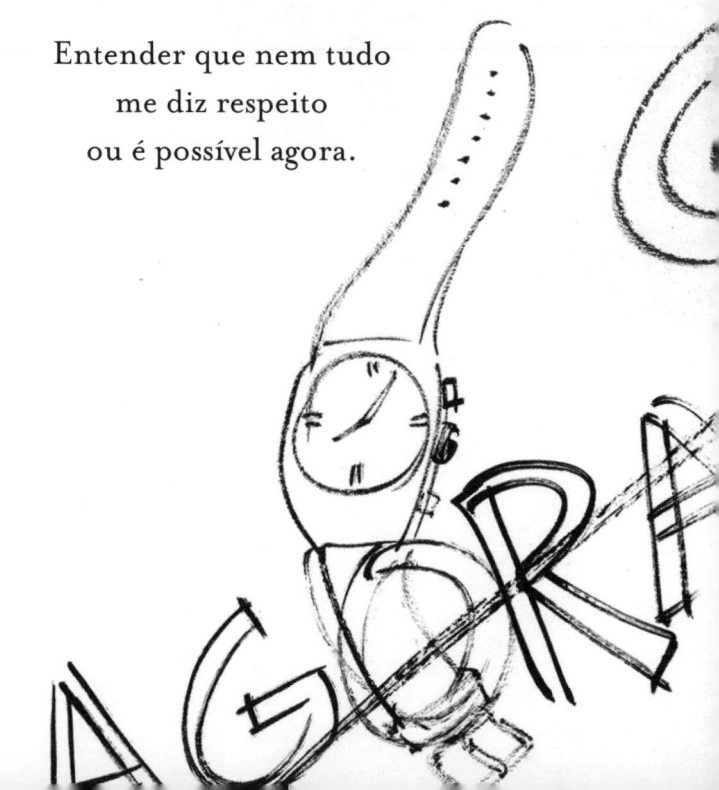

Entender que nem tudo
me diz respeito
ou é possível agora.

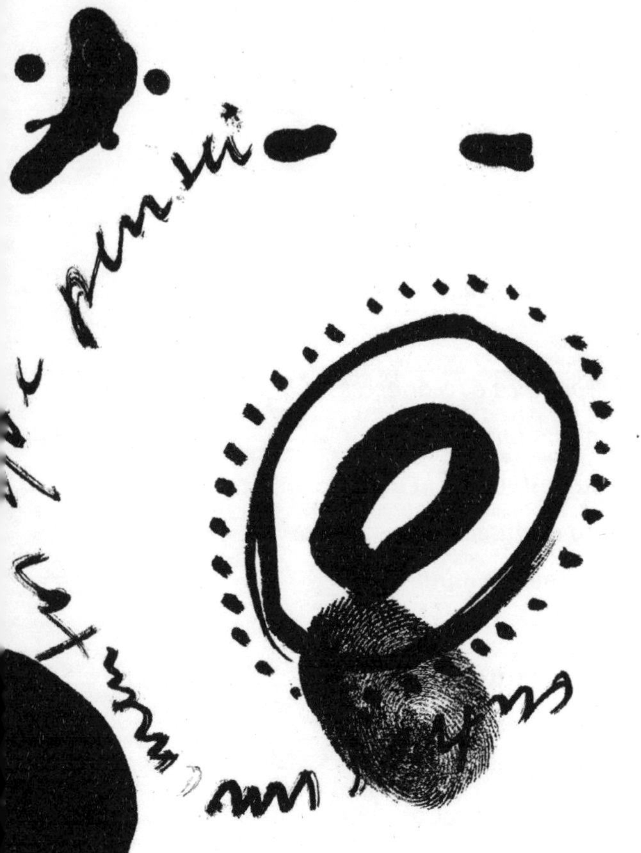
pensei

Ter esperança é vislumbrar
um amanhã diferente
do caos e da ruína
que é o meu presente.

Ter esperança é cuidar
das pequenas, insignificantes
e irritantes coisas da vida
enquanto o progresso
ainda não se concretizou.

Ter esperança é aprender
que nem sempre
a vida é justa.
E respeitar minha fraqueza,
para me permitir
descansar e repensar.

É descobrir que
parar e chorar
não é o mesmo
que desistir
definitivamente.

*Ter esperança é lembrar-me
de outros momentos
que pensei jamais superar
e no entanto se foram também.*

*Ter esperança é diminuir o ritmo
e ouvir minhas vozes caladas.*

Aprender que obstáculos
podem ser vencidos com força,
mas às vezes é mais fácil
apenas desviar.

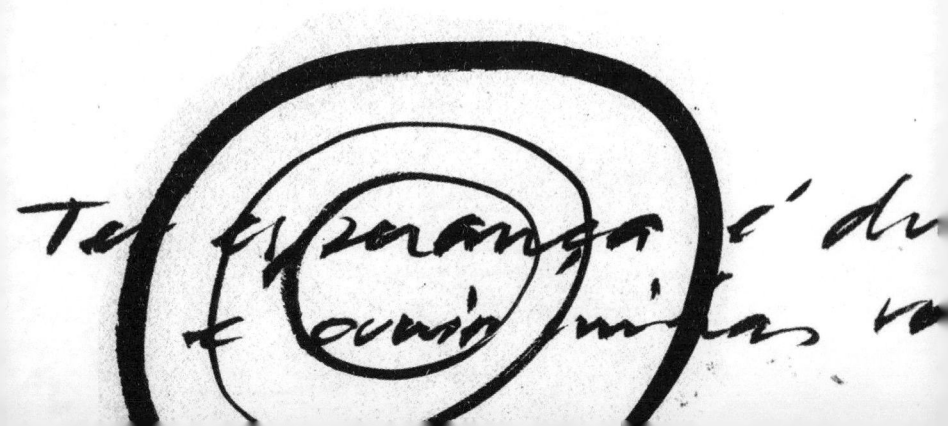

*Ter esperança é buscar na água
o movimento incessante,
no ar a leveza para não afundar,
no fogo a coragem necessária
e na terra a serenidade.*

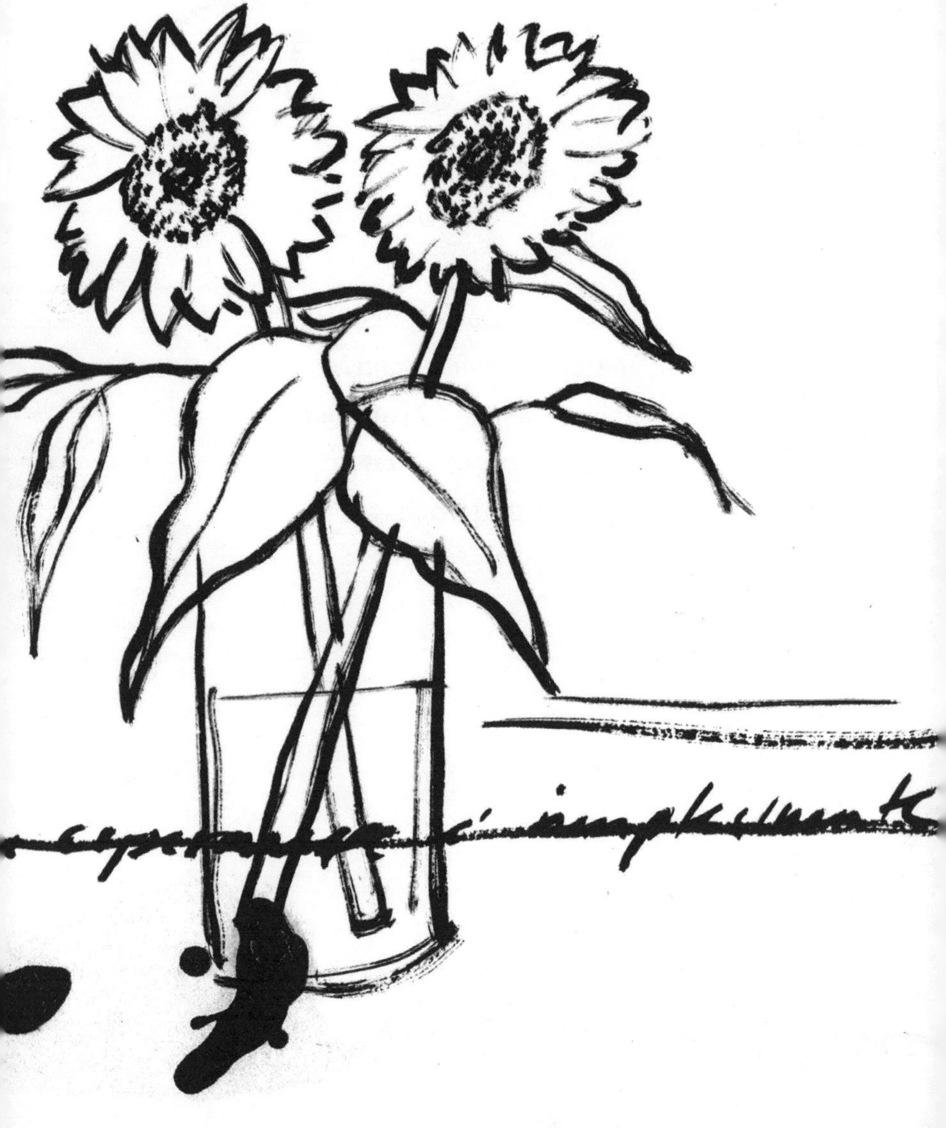

Ter esperança é querer morrer
mas escolher a vida,
apesar de sentir que ela não vale nada.

Ter esperança é ser maior
que a noite escura da alma,
enxergar além da visão turvada
e suportar as dúvidas
do que até então eram só certezas.

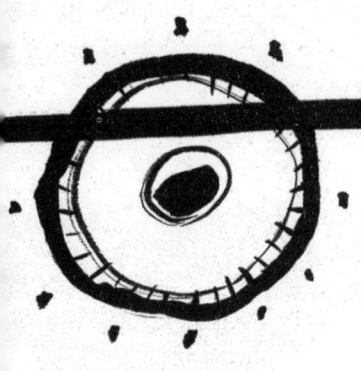

*Ter esperança
é continuar trabalhando,
confiante em um
resultado positivo.*

É encontrar em meus dias
um sentido que
permita à vida
correr minimamente.

*Ter esperança é entender
que às vezes essa
é a única saída que tenho
para não sucumbir ao desespero.*

É manter a fé,
para que pensamentos sombrios
não invadam minha mente.

E vislumbrar
um futuro melhor,
pois senão minha
existência se apaga
antes da hora.

*Ter esperança é se agarrar
como um marisco à rocha que sobrou
depois da ressaca.*

como um

depois de

*Ter esperança é somente confiar,
mesmo que a realidade me diga o contrário,
com toda a sua dura concretude.*

*É furar os fatos inequívocos
e buscar a minha escolha escondida.*

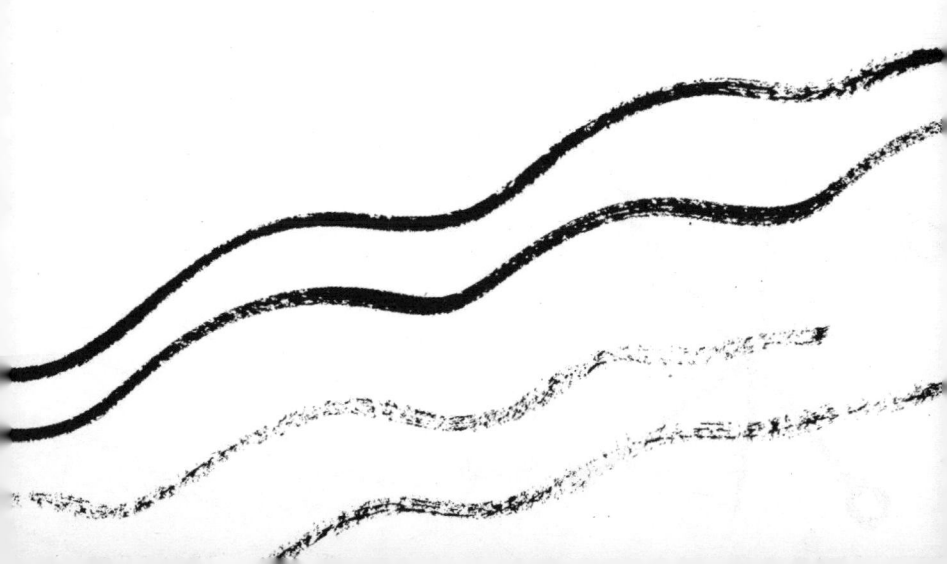

A esperança é uma jóia,
uma esmeralda
que precisa ser lapidada
com cada sim
que se diz aos nãos do Universo.

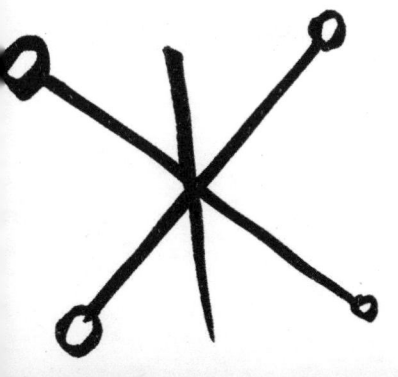

*Ter esperança
é não aceitar
ficar estagnado
nas perdas,
em meio a tantas
construções que já
foram levantadas
por mim.*

Ter esperança
é não desejar a morte.

Pois ela é o que sobra
quando tudo
já foi destruído
violentamente.

Ter esperança
é mergulhar fundo
dentro de mim,
até onde os fatos se diluem
e os sonhos permanecem quietos.

É arrancar essa vontade
de estar vivo
lá de dentro
e trazer à superfície.

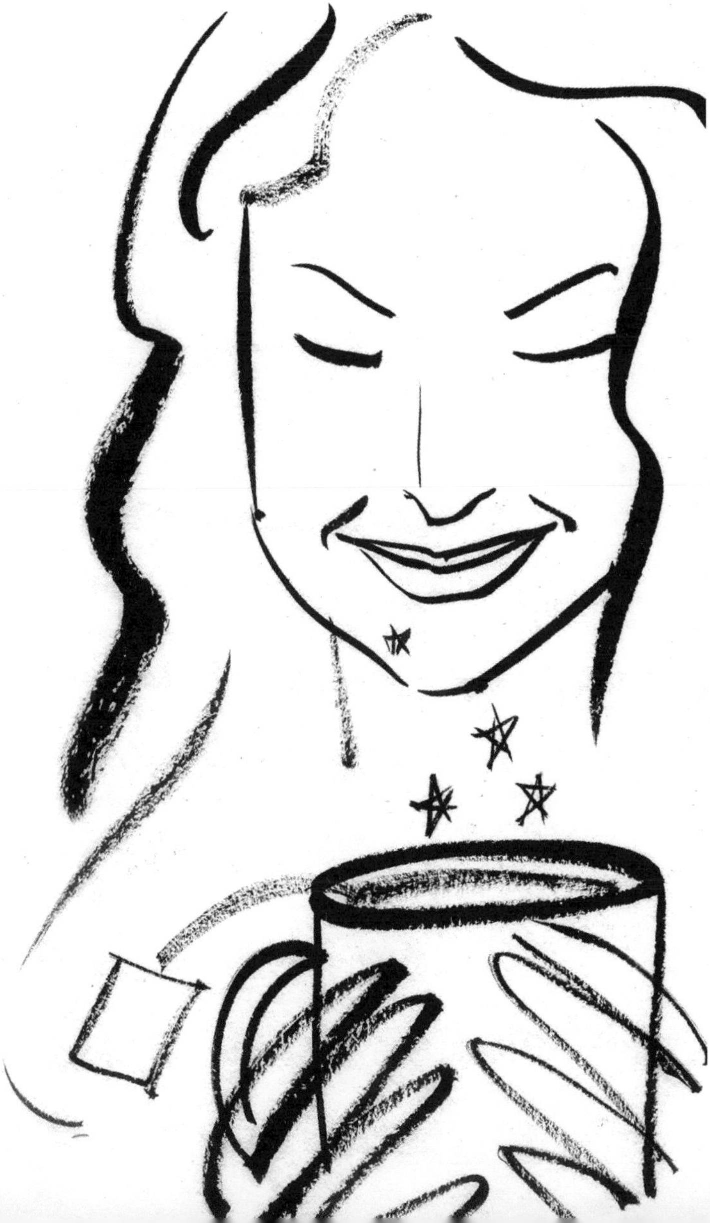

Ter esperança é levantar da cama
e me pôr a caminhar,
mesmo sem vontade.

É encontrar uma perspectiva
quando não há mais nada.

Ter esperança é andar no escuro,
no frio e nas lágrimas.

Porque sei que caminhar
com sofrimento
ainda é melhor
do que não caminhar.

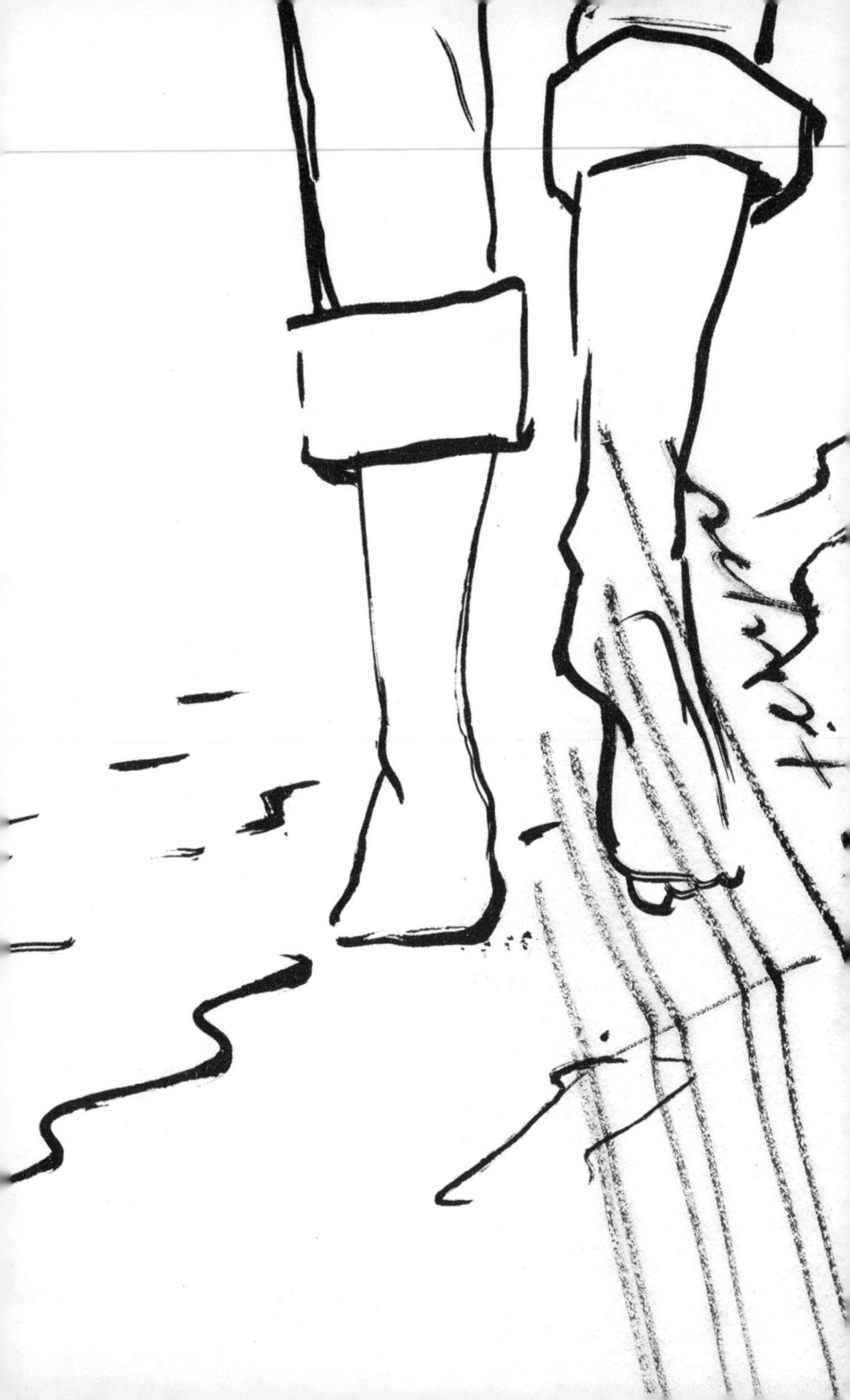

vitórias
de jours um ponto
honde de onde...

feridas

... em toda sebrecarga passa

Ter esperança é ir.

Atravessar o tempo
sem ver a porta
quando meus olhos
estão fechados
ou o mundo tornou-se
preto-e-branco.

*Ter esperança é agir,
apesar de não entender
exatamente
o que estou fazendo.*

É romper com a ilusão
de areia movediça
que paralisa
minha libertação.

*Ter esperança é me lembrar
das alegrias que já senti
e acreditar que a felicidade
pode acontecer novamente.*

*Ter esperança é viver
um dia de cada de vez,
com toda a delicadeza possível,
para curar minhas feridas.*

*Ter esperança
é simplesmente acreditar
que a vida é maior.*

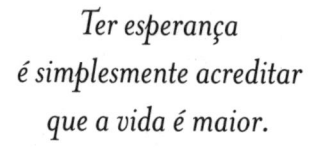

*E um dia
ela me mostrará
toda a sua grandeza
novamente.*

vida

ter esperança
caminhar
minhas vitó...
que elas...
mais adian...

Agradecimentos

A Rosa Amanda Strauz, amiga querida, que sempre acreditou nas minhas palavras e me ajuda a espalhá-las com alegria pela vida.

A Tomás Pereira e Paul Christoph Jr., da Sextante, que renovaram minhas esperanças e com quem espero fazer muitos livros nessa longa estrada.

A Maria Gurjão e Diogo Gonçalves, que, mesmo longe agora, foram as pessoas responsáveis pela minha esperança. A vida às vezes nos traz anjos em forma de gente, e nós temos a mania de precisar ver espelhados em outros olhos nossa própria força e valor esquecidos. Maria e Diogo têm olhos de esperança para mim.

A Mônica Athayde e Alexandre Iglesias, companheiros de dias melhores, de projetos futuros e esperanças que se concretizam, trazendo sorrisos felizes para os meus dias cada vez mais ensolarados.

A Virginia Heine, que teve a delicadeza necessária para me acolher e a sabedoria para me fazer enxergar tudo o que ainda não existia.

E às minhas leitoras fofas que mudaram a minha vida.

Sobre a autora

Inês Stanisiere é um fenômeno no segmento infanto-juvenil, com 11 títulos publicados e 200 mil livros vendidos em quatro anos. Sua obra de estréia ficou entre os best-sellers e seu segundo livro figurou 15 semanas seguidas na lista.

Inês também escreve para o público feminino e é roteirista de programas de TV, desenvolvendo projetos para as principais emissoras do país. Ela já trabalhou para os canais Futura, SBT e Record. Foi co-roteirista da série de ficção do GNT "Dilemas de Irene", protagonizada por Mônica Martelli.

Para saber mais, visite o site e os blogs da autora:
www.inesstanisiere.com.br
www.demeninaparamenina.blogspot.com
www.clippingdaines.blogspot.com

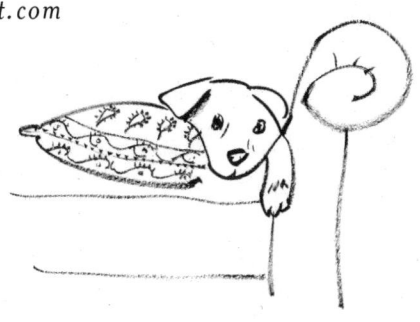

Conheça outros títulos da Editora Sextante

Não leve a vida tão a sério

Hugh Prather

A vida não precisa ser tão complicada quanto insistimos em torná-la. A simples decisão de não se agarrar aos problemas pode melhorar — e muito — nossas vidas. É isso o que Hugh Prather nos mostra, com humor e clareza, nesse livro.

Ele escreve sobre as dificuldades do dia-a-dia e nos dá ferramentas para contorná-las mudando o que há de mais importante na vida: nossa atitude mental e a forma de reagir aos inevitáveis contratempos.

Seus ensinamentos são baseados em histórias reais que nos deixam com a sensação de já ter passado por aquela situação ou testemunhado algo parecido. Você aprenderá soluções práticas para dar um basta às preocupações e ao medo e se libertar de tudo aquilo que impede sua felicidade.

A arte da serenidade - coleção Auto-Estima

Hugh Prather

Autor de *Não leve a vida tão a sério*, que já vendeu 350 mil exemplares no Brasil, Hugh Prather mais uma vez usa o seu profundo conhecimento da alma humana para nos ajudar a encontrar o equilíbrio emocional, físico e mental e a encarar as dificuldades com uma postura positiva e serena.

Por que relutamos tanto em perdoar? Por que julgamos os outros? Por que sabotamos nossa própria felicidade? Por que vivemos eternamente inconformados e cheios de culpa?

Em *A arte da serenidade*, Prather responde a essas questões e levanta muitas outras. Seu objetivo é nos fazer refletir sobre o que nos impede de ser livres, de ter uma relação mais verdadeira com Deus e de desenvolver a sabedoria e a compaixão.

Trazendo meditações, exercícios, pensamentos e orações, esse livro revitaliza nossa auto-estima, resgata nossa fé e nos faz abrir os olhos e a mente para aquilo que realmente importa: o amor – por nós mesmos e por tudo aquilo que nos cerca.

O PODER DA PACIÊNCIA

M. J. Ryan

O trabalho se avoluma numa velocidade assustadora. A agitação das grandes cidades nos deixa exasperados. O telefone celular não pára de tocar. A aceleração do mundo nos deixa estressados e, muitas vezes, infelizes. Mais do que nunca precisamos de paciência!

Em *O poder da paciência*, você encontrará várias dicas para diminuir o ritmo, relaxar e encarar a rotina de uma forma mais tranqüila. A paciência nos ajuda a aproveitar ao máximo nossos talentos, a administrar a raiva, a crescer no amor e a usufruir o prazer de cada momento.

Utilizando exemplos de situações comuns do dia-a-dia, M. J. Ryan estimula a reflexão sobre nossos hábitos e sentimentos. E ensina que a impaciência envenena a alma, muitas vezes nos tornando pessoas grosseiras e mal-humoradas. Já a paciência, uma das virtudes mais ignoradas nos dias de hoje, é uma das formas mais eficientes para eliminar os estados de tensão e irritação.

O poder da gratidão

M. J. Ryan

Você já se sentiu entusiasmado ao acordar numa manhã ensolarada de verão? Já agradeceu do fundo do coração por estar cercado de amigos? Já ficou aliviado por se livrar de uma doença ou de alguma coisa que o incomodava?

Essas são algumas das situações em que vivenciamos a verdadeira gratidão. Ser grato não significa dizer "obrigado" quando alguém nos faz um favor, mas sentir uma alegria genuína por essa pessoa existir.

Costumamos ficar presos àquilo que nos falta — um emprego melhor, um relacionamento estável, uma casa mais confortável — e deixamos de aproveitar o que já conquistamos. Ao mudar de perspectiva, começamos a perceber as maravilhas que temos à nossa volta.

Com um texto leve recheado de ótimas histórias reais, M.J. Ryan ensina a resgatar o sentimento de gratidão para vivermos mais centrados no presente, diminuir nossa ânsia pelo consumo, criar relações sinceras e dar valor às coisas que realmente importam.

Como Deus cura a dor

Mark W. Baker

Autor de *Jesus, o maior psicólogo que já existiu* (900 mil exemplares vendidos no Brasil), Mark W. Baker mostra em seu novo livro como a trajetória de Jesus pode servir de inspiração para superarmos nossas dificuldades, traumas e sofrimentos.

Formado em Psicologia e em Teologia, com vasta experiência clínica como terapeuta, o autor estuda há 25 anos os sentimentos das pessoas e a maneira como elas reagem às oito emoções básicas que norteiam nossas vidas: sofrimento, medo, ansiedade, tristeza, culpa, raiva, felicidade e amor.

Suas conclusões deram origem a *Como Deus cura a dor*, um valioso instrumento de crescimento pessoal e de transformação. Analisando histórias de dezenas de pacientes sob o ponto de vista psicológico, Baker ensina como é possível lidar com o sofrimento associando o tratamento médico à sabedoria da Bíblia.

Com um profundo efeito terapêutico, esse livro vai aumentar nossa fé no poder curativo de Deus e, assim, nos ajudar a atravessar os períodos difíceis da nossa jornada.

Jesus, o maior psicólogo que já existiu

Mark W. Baker

Jesus, o maior psicólogo que já existiu faz uma abordagem original da relação entre ciência e religião, ligando os principais ensinamentos de Jesus às descobertas recentes da psicologia.

Com base em sua experiência como terapeuta e no seu profundo conhecimento da Bíblia, Mark W. Baker demonstra por que a mensagem de Cristo é perfeitamente compatível com os princípios da psicologia: ela contém a chave da saúde emocional, do bem-estar e do crescimento pessoal.

Em uma linguagem simples e cativante, ele mostra que, seja qual for a nossa crença religiosa ou filosofia de vida, todos podemos nos beneficiar da sabedoria daquele que, como diz o autor, foi o maior psicólogo de todos os tempos.

Organizado em dezenas de lições concisas, esse livro é uma coleção de valiosos exemplos práticos sobre como essa sabedoria comprovada pelo tempo pode nos ajudar a resolver os problemas do cotidiano, a repensar atitudes e a praticar o perdão, a solidariedade e a lealdade, valorizando nossas vidas e nossos relacionamentos com mais amizade e amor.

Pense positivo todos os dias - coleção Auto-Estima

Louise Hay

Os pensamentos em que você decide acreditar são uma arma poderosa na criação do seu futuro. São eles que geram as suas experiências e transformam a sua realidade.

Em meio às pressões do dia-a-dia, muitas vezes precisamos fazer algumas pausas para não sermos levados pela correnteza e para evitar que a confusão se instale em nossas vidas.

Foi pensando em oferecer para você alguns momentos de inspiração que Louise Hay reuniu citações de diversos autores consagrados, como Brian Weiss, Deepak Chopra, Stephen R. Covey, Jerry e Esther Hicks, Wayne W. Dyer, Iyanla Vanzant, entre outros.

Pense positivo todos os dias está repleto de conceitos profundos, capazes de ajudar você a ver qualquer situação sob um novo ponto de vista. Esse livro é um grande aliado em sua busca pela paz e o bem-estar.

O poder das afirmações positivas

Louise Hay

"Como você está se sentindo agora? Bem, mal? Gostaria de se sentir melhor? Quais são os pensamentos que fazem você se sentir bem? Você se sente feliz e olha o futuro com confiança?

Não deixe que os sentimentos de tristeza, raiva, medo e culpa dominem sua mente. Você pode se deter neles e continuar sofrendo ou pode desviar seu pensamento para aspectos agradáveis e prazerosos, afirmando com uma convicção cada vez mais forte as coisas boas que deseja atrair para sua vida.

Esse livro vai lhe mostrar que fazer afirmações é escolher conscientemente certos pensamentos que vão gerar resultados positivos no futuro. Posso lhe garantir que as afirmações vão mudar seu modo de pensar e podem produzir verdadeiros milagres em sua vida."

Louise Hay

A vida é bela

Dominique Glocheux

A vida não é um ensaio como no teatro. Só se vive uma vez e jamais se tem a oportunidade de repetir um momento que passou. Então é melhor aproveitar cada segundo. Descobrir os pequenos tesouros escondidos que podem tornar a vida uma experiência maravilhosa.

É a partir dessas idéias que Dominique Glocheux nos faz ver a vida de uma maneira mais otimista e inspiradora nesse livro aparentemente ingênuo, mas muito envolvente. A vida é bela é uma saborosa antologia que reúne 512 conselhos, máximas e pensamentos recheados de humor, amor e fantasia — todos fundamentais para quem quer começar a viver mais intensamente e de forma mais alegre.

A vida é bela nos leva pelas mãos para um passeio por dentro de nós mesmos. Basta que deixemos nosso pensamento criar asas e sair à procura do verdadeiro valor das coisas simples e lindas que acontecem à nossa volta sem nos darmos conta.

A VIDA É BELA COM NOSSOS FILHOS

Dominique Glocheux

Não há nada mais emocionante do que dividir momentos de alegria, diversão e intimidade com nossos filhos. Na correria do dia-a-dia, muitas vezes não damos a devida atenção para essas ocasiões tão especiais.

Com sabedoria e bom humor, Dominique Glocheux nos inspira a buscar uma conexão mais profunda com as crianças, transformando nossa convivência numa inesgotável fonte de prazer e aprendizado.

Seus conselhos simples e divertidos têm o poder de nos fazer colocar as coisas em perspectiva e, assim, nos ajudar a enxergar o que é realmente fundamental para a felicidade.

Nossos filhos são o futuro – são a chance que temos de transmitir os valores em que acreditamos e de resgatar a criança que existe dentro de nós.

INFORMAÇÕES SOBRE OS
PRÓXIMOS LANÇAMENTOS

Para receber informações sobre os
lançamentos da EDITORA SEXTANTE,
basta cadastrar-se diretamente no site
www.sextante.com.br

Para saber mais sobre nossos títulos e autores,
e enviar seus comentários sobre este livro, visite
o nosso site www.sextante.com.br ou mande um e-mail
para atendimento@esextante.com.br

EDITORA SEXTANTE
Rua Voluntários da Pátria, 45 / 1.404 – Botafogo
Rio de Janeiro – RJ – 22270-000 – Brasil
Telefone (21) 2286-9944 – Fax (21) 2286-9244
E-mail: atendimento@esextante.com.br